# MÉMOIRE

JUSTIFICATIF

DU DROIT QU'ONT LES FEMMES DE LA DESCENDANCE DU BARON

JOSEPH LE BÈGUE DE GERMINY,

*Comte du Saint-Empire romain, etc.,*

D'APPORTER A LEURS MARIS ET DE TRANSMETTRE A LEURS ENFANTS

leurs dignités et leurs titres honorifiques.

TOULON

TYPOGRAPHIE ET LITHOGRAPHIE F. ROBERT, RUE DE L'ARSENAL, 13.

—

MDCCCLXIX

# MÉMOIRE JUSTIFICATIF

## DU DROIT QU'ONT LES FEMMES DE LA DESCENDANCE DU BARON

### JOSEPH LE BÈGUE DE GERMINY,

*Comte du Saint-Empire romain, etc.,*

#### D'APPORTER A LEURS MARIS ET DE TRANSMETTRE A LEURS ENFANTS

##### LEURS DIGNITÉS ET LEURS TITRES HONORIFIQUES.

———

> Les titres forment une propriété légi-
> time et considérable, qui, au point de vue
> des souvenirs de famille, vaut souvent plus
> quo ne valent matériellement de grands
> biens territoriaux.
> (M. BAROCHE, *Président du Conseil
> d'Etat, Chambre des Députés, Séance du
> 17 mai 1858.*)

## I.

En 1596, vivait à Vezelize, sous la coutume de Bar, ou de Saint-Mihiel,
— laquelle fit loi jusqu'en 1789, et autorisait, moyennant certaines condi-
tions, les femmes nobles à transmettre de leur chef, la noblesse et ses prérogatives à leurs enfants, — Vian Pistor Le Bègue, écuyer, issu de race de
chevalerie normande, seigneur de Vitrey, Gauviller, Germiny, Praye, Velle,
Crespy et Viterne, conseiller d'Etat, ministre plénipotentiaire, sous-gouver-
neur du prince Charles, secrétaire d'Etat et ambassadeur.

Pour récompenser ses services, le duc Charles de Lorraine et de Bar, tout
en confirmant, par d'autres lettres particulières, son ancienne noblesse de
chevalerie normande, l'anoblit dans ses Etats par des lettres du 1er août.

Dans ces lettres — implicitement confirmatives, dans la personne des
femmes de sa descendance, et cela une fois pour toutes, à perpétuité, et sans
condition, des coutumes précitées, qui attribuaient aux femmes nobles la
noblesse héréditaire et transmissible — le prince anoblit « ledict Vian Pistor
Le Bègue et ses enfants *masles* et *fémelles*, descendants de lui en léal mariage,

*leur postérité* et *lignée*, pour jouir, eux et leur postérité et lignée, de tous les
titres, honneurs, privilèges et prérogatives de noblesse ; et posséder tous fiefs
et nobles tènements de quelqu'autorité et dignité qu'ils soient..... en Lorraine
et dans tous les Etats des princes amis et alliés, à *toujours, entierrement, paisiblement, à perpétuité*, sans qu'ils y soient aucunement troublés ou empêchés,
*nonobstant quelconques lois, statuts, coutumes, usages de pays, ordonnances,
restrictions, mandements ou deffenses à ce contraires.* »

Cette charte, qui appelait ainsi les femmes de la descendance de Vian
Pistor Le Bègue, leur postérité et lignée, *à perpétuité*, à conserver et à transmettre leur noblesse et leurs titres de la plus haute dignité, devint la loi
domestique de la famille.

Ce statut nobiliaire de la maison Le Bègue, statut établi par les ducs de
Lorraine, recommandé, dans la charte, aux princes leurs amis et leurs alliés,
se trouva confirmé par l'empereur d'Allemagne et le roi de France, quand,
dans le traité de Vienne du 28 août 1736, ils convinrent de maintenir « les
*anoblissements, graduations* et *concessions d'honneurs* faits par les ducs de Lorraine. »

Le 30 avril 1714, l'empereur Charles VI, le signataire du traité de Vienne,
« voulant, dit-il, mieux décorer une noblesse héréditaire illustrée par de belles
actions, récompenser, à perpétuité, les services rendus par divers et notamment Pistor Le Bègue (celui qui avait obtenu l'anoblissement de 1596), confirmer et augmenter ses armoiries ou marques de sa noblesse, accorda le titre
et la dignité de comtes et de comtesses aux membres en ligne masculine et
féminine de la famille Le Bègue.

Des lettres patentes données et enregistrées à Vienne, le 30 avril 1714,
confirmées par le duc de Lorraine, et entérinées en la Chambre des Comptes
de Nancy, le 31 décembre 1715, puis enfin autorisées spécialement en
France où la Lorraine avait été réunie, par la convention du 28 août 1736
signée, comme nous l'avons dit, par l'empereur et le roi de France, confèrent
à Joseph Le Bègue et à toute sa postérité *(universæ posteritati)* ce qu'il veut
être une *dignité perpétuelle*, en ces termes :

« Nous t'avons toi Joseph libre baron Le Bègue de Germiny et de Thelod,
ainsi que tes enfants, héritiers, postérité, et descendants DES DEUX SEXES nés
et à naître, sans discontinuation *(æterna serie)*, TOUS EN GÉNÉRAL ET CHACUN
EN PARTICULIER *(omnes et singulos)* créés et nommés nos VRAIS comtes et

comtesses de notre Saint-Empire romain, ainsi que de nos royaumes et Etats héréditaires (1), pour en jouir surabondamment, aux TITRE, HONNEUR et DIGNITÉ D'UN COMTÉ DE L'EMPIRE *(Titulo, honore et dignitate comitatûs imperialis)*.

« Ainsi que nous le voulons et le décrétons formellement et expressément, par notre perpétuel édit impérial, toi, Joseph Le Bègue, et *tous* tes enfants héritiers et descendants légitimes des deux sexes à L'INFINI *(in infinitum)*, vous pourrez et devrez POSSÉDER *(habere)* ACQUÉRIR *(obtinere)* et APPORTER *(deferre)* perpétuellement, à l'avenir *(perpetuis deinceps temporibus)*, les titre, nom et dignité de comtes du Saint-Empire romain et de nos royaumes et Etats héréditaires.

» Vous pourrez et devrez également jouir et vous parer librement et sans aucun empêchement, de tous honneurs, ornements, dignités et prérogatives dont jouissent et se parent, d'après l'usage ou la loi *(consuetudine vel de jure)*, les autres comtes de nos royaumes et Etats héréditaires, malgré tout *(nonobstantibus quibuscumque)*, lors même que quelques-uns de ces droits devraient être mentionnés spécialement et expressément dans le présent édit. A ce sujet, de notre pleine science et autorité impériales, nous dérogeons et entendons déroger suffisamment à cette obligation. »

Après avoir également accordé à Joseph Le Bègue et à tous ses descendants des deux sexes à l'infini *(à te et omnibus legitimis descendentibus tuis utriusque sexûs in infinitum)*, le droit de posséder, porter et d'apporter *(arma habenda, gestanda et deferenda)* les armes décrites dans le diplôme ; après lui avoir donné par surcroît à lui et à l'universalité de sa race et de sa postérité légitime des deux sexes, à l'infini *(universæ posteritati et proli legitimæ utriusque*

---

(1) Charles VI comprend parmi les provinces héréditaires dont il se dit souverain, et où il fait comtes et comtesses les membres de la descendance masculine et féminine de Joseph Le Bègue, les provinces du royaume d'Espagne dont Philippe V resta définitivement roi.

Malgré l'illégalité apparente de la concession, le titre de comte et comtesse des provinces espagnoles n'est pas moins définitivement acquis : il a été maintenu et confirmé par Philippe V lui-même, dans le traité signé à Vienne le 30 avril 1735, que Dumont *(Corps universel diplomatique.* T. VIII, partie II, p, 107) produit ainsi : ART. VIII et IX, imperator et rex catholicus spondent... ut utrinque perpetua oblivio, amnistia et generalis abolitio omnium eorum quæ ab initio belli moti... directè seu indirectè gesta aut patrata fuerint... dignitates quoque subditis durante bello, hinc indè collatis, pariter deinceps, integrè permanant multo que agnoscantur....

*sexûs in infinitum)* le titre d'ILLUSTRE et de MAGNIFIQUE, caractéristique du premier ordre des comtes romains, l'empereur termine ainsi :

« C'est pourquoi nous mandons à tous nos électeurs.... et fidèles sujets *(universis et singulis)* de te laisser toi, Joseph Le Bègue comte du Saint-Empire, romain, ainsi que tes enfants, héritiers et descendants légitimes des deux sexes, à l'infini, demeurer *(permanere)* librement, paisiblement et sans aucun empêchement, dans la *condition,* l'*ordre* et la *dignité* de comtes du Saint-Empire romain.... de vous y défendre, conserver *(conservare)* et maintenir *(manu tenere)* sous peine de cent marcs d'or pur..... »

## II.

Voici quelles sont les conséquences de cette charte :

La première est que les titres énumérés sont transmis par les femmes de la descendance masculine et féminine de Joseph Le Bègue, à leurs enfants et héritiers.

Ceci est suffisamment prouvé par la charte de 1596, qui établit la loi domestique, le statut nobiliaire de la descendance masculine et féminine de Pistor Le Bègue. Le diplôme de 1714, donné pour mieux décorer la noblesse des descendants de Pistor Le Bègue, récompenser avec ceux de ses enfants, ses services personnels; enfin, confirmer, augmenter ses armoiries ou marques de sa noblesse, ne pouvait plus être que la conséquence, le complément, le corollaire de la charte antérieure par laquelle les hommes et les femmes de la descendance à l'infini de Vian Pistor Le Bègue, avaient été appelés à conserver et à transmettre leurs titres de la plus haute noblesse et de la plus illustre dignité.

Dans cet état de choses, pour que le nouveau titre de dignité nobiliaire et féodale accordé par la seconde charte fût restreint à la personne des hommes ou des femmes non mariés, suivant l'usage ordinaire, il faudrait que cela eût été expressément mentionné.

Sans cela, les termes de la charte de 1714, fussent-ils douteux, devraient être interprétés dans le sens de celle de 1596.

La coutume d'une simple famille fait loi quand elle a été approuvée par le souverain. (Tiraqueau, *De jure primogenit. Quæst.* XVI, nᵒˢ 5, 7, 8.

Balde, et après lui le même Tiraqueau (*Traité Lignagier*, gloss. XIIII, n° 39), affirment que le roi lui-même est lié par la coutume, (« *certum est consuetudinem regem ipsum legare.* »)

Ajoutons que la loi romaine (28, *Dig. de Leg.*,) dit : Posteriores leges ad priores pertinent ; et Tiraqueau (*Ret. Lig.* § XV) : Una consuetudo vel statutum secundum aliud intelligitur.

« Si la volonté du roi est douteuse, dit d'Aguesseau, 38ᵐᵉ plaidoyer, elle doit être interprétée dans le sens du droit. »

D'ailleurs, ici le titre de comte étant donné à titre de *comté*, de fief, on peut assurer, avec Dumoulin confirmant l'opinion des auteurs ses devanciers, dans ses *Conseils*, 40 et 50, n° 6, qu'en nature de fief, il faut suivre la coutume de la famille appuyée sur l'autorité souveraine.

Mais il n'est nullement besoin de recourir à de favorables présomptions. Les termes de la charte de 1714 sont on ne peut plus clairs et explicites.

Quoi de plus universel et de moins restrictif que tous ces termes ? Devant cette création infinie de comtes et de comtesses, au profit de tous les descendants des deux sexes, tous en général et chacun en particulier, appelés à posséder le titre, le nom et la dignité comtals, à en hériter et à le transmettre, comment nier que les femmes même tiennent leur titre et leur dignité en toute propriété à droit héréditaire et transmissible ?

Donnons, dans l'ordre où ils sont placés, la signification des termes de la charte.

UNIVERSÆ POSTERITATI. — Universus sine aliquâ exceptione, lit-on dans le *Lexicon juris Cæsarei-Johannis Calvini*, Genevæ, MDCLXIV. Nomen posterorum et posteritatis regulariter fæminas et natos ex eis continet. (Tiraq. *De retrait. Lignag.*, § 1, gl. IX, n° 242.)

Verbis universalibus tunc intelligerentur in beneficio a principe concesso, quod in natos ex fæminâ transit, etiam de descendentibus ex fæminis (Tiraq.; *De jure primogenit.* Primæ glossæ, nᵒˢ 34, 38).

Le sens dans lequel l'empereur lui-même applique plus loin les mots *universi*, *omnes* et *singuli*, à tous les électeurs princes, ducs, marquis, comtes et sujets auxquels il recommande le maintien des priviléges accordés aux descendants à l'infini de Joseph Le Bègue, détermine la valeur significative de ces mots appliqués à ces mêmes descendants, c'est-à-dire dans le sens de la plus grande universalité.

Perpetuo ornamento, perpetuis temporibus, æterna serie. — Les termes généraux à perpétuité, comme à l'infini, indiquent une vocation graduelle et successive comprenant tous les membres de la famille (Cochin, lvi, *Consult.* t. III, édit. in-4°, mdcclii, p. 724, 725).

Omnesque et singulos. — Ces termes tous en général, et chacun en particulier, excluent toute idée de la moindre exception.

Liberos. — Appellatione liberorum neptes et proneptes continentur, I. 220, *De signif. verb.*

Hæredes. — Hæredis verbo juris tantum successor. Hæredis appellatione, omnes significari successores credendum est. (*Lexicon juridicum Cæsarei-Johannis Calvini,* Genevæ, mdclxiv.) Appellatione hæredis omnes in infinitum, id est non solum primos sed et ulteriores et permultas successiones accipi. (Tiraq., *Ret. Lignag.,* § 1, gl. vi, nᵒˢ 20, 21.)

In illis verbis, ajoute-t-il dans la 15ᵐᵉ question, nulla introducenda differentia, sivè masculi, sivè fæminæ, et seu ex masculorum prole seu fæminarum descendant; ex quibus intelligis et descendentes qui ex fæminis descendunt (Tiraq., *De jure primiq.,* quarta quæstio, nᵒ 57.)

Statutum loquens in hærede habet locum et in bonorum possessore; quia, licet propriè non sit hæres; tamen per omnia habet effectum hæredis. (Tiraq., Traité *Le mort saisit le vif,* ii, *declaratio,* nᵒ 6.)

Nec video ullam rationem differentiæ inter possessionem rerum corporalium, et quasi possessionem *incorporalium.* (Id., Traité *De jure constituti possessoris* xxii *ampliatio,* nᵒ 23.)

Veteres hæredes pro dominis appellabant. (*Encyclopédie méthodique,* art. *Jurisprudence,* vᵒ *héritier.*) On pourrait donc le dire du mari qui, maître du droit de sa femme, fait pour elle les actes d'héritier.

« Si consuetudo simpliciter dicat hæredem esse saisitum, sine aliquâ adjectione alterius qualitatis non videtur quin isti (maritus et uxor), ut qui sunt hæredes. Nam omnia jura de his loquentia dicunt *illos succedere,* ut cæteros hæredes. (Tiraq., Traité *Le mort saisit le vif,* xvᵉ *declaratio,* nᵒ 13.)

L'investiture d'un fief donnée et *hæredibus omnibus* ou *in perpetuum,* ce qui fait le même effet, comprend les mâles et les filles. (Peyssonnel, *Traité de l'hérédité des fiefs de Provence,* in-8°, 6 vol., mdclxxxvii, p. 241, 242.)

Posteros. — Posteri appellantur qui ultra nepotes sunt et omnes in infinitum descendentes. (Tiraq., *Retrait Lignagier,* § 19, l. vii, nᵒ 21.)

Veros comites. — Vrais comtes, investis d'un comté de l'empire, ainsi nommés pour les distinguer des comtes appelés, dans les lois romaines, *honorarii, imaginarii, inanes umbræ, cassæ imagines dignitatum*, et n'étant que de PUR HONNEUR (*nihil aliud nisi purum honorem habentes*).

On lit dans le *Corpus germanici publici ac privati ævo medio è bibliothecâ Senkerberg, emissum, franco furt,* MDCCLXVI :

« Comes imperii est comes qui comitatui legitimè præest. Reperire autem in germaniâ comites qui de comitatu investiti non sunt, sed appellatione suæ fundamentum ad castra referunt. »

A la différence des comtes de pur honneur qui — dit Othon, évêque de Fresinghen, *Hist. Frederici I*ᵐⁱ, liv. 1, chap. 9 — sunt nullum comitatum habentes soloque nomine, sine re participantes, c'est-à-dire n'ont que le titre personnel et nobiliaire comtal, sans avoir les droits réels de cette dignité ; les vrais comtes jouissaient de tous les droits et prérogatives généralement annexés aux comtés, fiefs immédiats de l'Empire, et notamment des droits d'hérédité et de transmission attachés à tout fief de sa nature réel et patrimonial.

Habere. — Posséder. Duobus modis dicitur, alterò jure dominii, alterò obtinere sive interpellatione id quod quis emerit. (Dig., *De verb. signif.*, l. 188.) Habere multis modis sumitur. Rem dicitur habere qui illius habet dominium in significatione largâ ; impropria comprehendit etiam possessionem et detentionem. (Rebuffi, *Commentarii, lex* CXLII, j. in titul. *De verb. signif.*)

Obtinere. — Pro occupare, tenere. (Id., *lex* CLXXXIII, p. 607.)

Deferre. — Synonyme en latin de *afferre, conferre, offerre, tribuere, concedare, dare,* dans le *Dictionarium* Ambrosii calepini, *Lugduni* MDCLXXXI, se traduit, dans les dictionnaires latin-français, par apporter, accorder, transmettre.

Dans la langue latine, *deferre* et *deferri* sont employés avec possession de biens, succession, hérédité, honneur, dignité, office, privilége, bénéfice. C'est ce que l'on voit dans Cicéron notamment, et dans les livres du code et du Digeste.

Deferre dotem viro, lit-on dans Plaute, et APPORTER UNE DOT A SON MARI, dans les dictionnaires qui reproduisent cette signification.

Les auteurs des livres des fiefs, Denis Godefroid, dans son *Epitome feudorum,* à la suite du *Corpus juris,* et dans ses *Notes sur les livres des fiefs;* Jacobus Menochius; Charles Dumoulin, *Commentaires sur la coutume de Paris ;*

2

Tiraqueau, *Traité Lignagier*, et *De Jure primogeniorum*, emploient deferre ou deferri dans le sens d'attribuer, d'apporter ou de transmettre, avec *feudum*, *beneficium*, *ducatus*, *marchia*, *comitatus*, *dignitas*, etc.

Par exemple, dans Dumoulin, *Cout. de Paris*, titre *Des fiefs, in principio*, n° 104, on lit : « Hodiè omnia feuda sunt hæreditaria ; possunt relinqui et ab intestato DEFERRI. »

« Ab initio — dit Godefroid, *Notes sur les livres des fiefs*, titre LV — feuda ita fuerunt in dominorum potestate, ut, quando vellent, ea auferrent ; deindè ad eum quem ex liberis dominus elegisset ; postremò ad omnes filios æqualiter DEFERRI cœpta. »

« Quemadmodum nec ad filias (feudum) DEFERTUR, nisi eo jure ità adquisitum, vel nisi à domino redemerint, aut gratiosè, propter *servitium* et amorem patris obtinuerint. »

« Ducatus, marchia, comitatus, majori nato DEFERTUR. »

TITULO HONORE ET DIGNITATE COMITATUS IMPERIALIS. — « Les grandes et hautes seigneuries, dit Loyseau, *Des seigneuries*, chap. v, n° 3, appelées, au *Livre des fiefs*, feuda dignitatum, feudales dignitates, sont proprement par tous pays les duchez et comtez. »

Dans ce même *Livre des fiefs*, fait remarquer le même Loyseau, *Des seigneuries*, chap. IV : « Quand on demande, quis dicatur dux, marchio aut comes ? On répond que c'est celui qui *de ducatu, marchia* aut *comitatu* investitus est : ce qui montre bien que le titre et la dignité de duché, marquisat, comté, réside proprement au fief. »

Tenir par dignité, selon Bouteiller, est tenir en fief, en forme de dignité.

« Feudum est — disent les auteurs — quædam donatio et beneficium et benevola concessio et gratia. »

Dans les livres des fiefs, feudum et beneficium sont synonymes ; « feudum vel beneficium » est-il dit généralement. « Beneficium seu feudum, id dicitur quod ex benevolentia ita datur, ut ad eum accipientem hæredesque ejus masculos et fæminas. Si de his nominatim dictum sit, perpetuò pertineant », lit-on dans l'*Epitome feudorum* de Denis Godefroid, dans son *Corpus juris*.

« Beneficium a principe concessum in natos ex fæmina transit. » (Tiraq., *De lege connubialibus glossæ primæ pars*, n° 134, 138.)

Ce qui achève de donner à la charte de 1714 le caractère de transmission générale qu'il faut nécessairement lui attribuer, c'est la nature de l'érection du titre et de la dignité, exprimée de manière à en faire pour tous les appelés, hommes et femmes, une véritable propriété, un domaine privé, un patrimoine héréditaire et transmissible.

Nous l'avons déjà fait remarquer. Le titre et la dignité de comtes et de comtesses, attribués à tous les descendants des deux sexes à l'infini, tous en général, et chacun en particulier, sont dits érigés en titre, nom et dignité de comté de l'empire.

Attacher le titre de comte et de comtesse à un comté, c'est-à-dire à un fief de dignité comtale ; en faire, en un mot, un titre inféodé, est le déclarer par cela même, féodal, réel, patrimonial, transmissible et communicable.

C'est établir formellement ce droit général des femmes de POSSÉDER, D'HÉRITER et de TRANSMETTRE A TITRE SEIGNEURIAL, que M. Laferrière, en son *Histoire du droit français*, prend pour l'intitulé d'un de ses chapitres, et que la charte elle-même stipule plus bas comme la conséquence, soit de cette érection féodale ou de cette inféodation, soit de la charte de 1596.

### III.

Parlons rapidement des fiefs, et expliquons leur nature particulière, réelle, patrimoniale, héréditaire, cessible et transmissible.

« On appelait inféodation la concession faite, à titre de fief, d'un fonds de terre, d'un office, d'un droit quelconque.

« Le titre d'inféodation contient les engagements que le seigneur et le vassal ont pris respectivement. Ces engagements ne peuvent être changés que de la manière dont ils ont été formés par le consentement mutuel de l'un et de l'autre ; et ce consentement ne se présume pas. Il y a même des fiefs où le seigneur et le vassal ne peuvent, par le consentement le plus exprès, changer la nature du fief, au préjudice de ceux qui sont appelés à y succéder un jour. Tels sont les fiefs régis par le droit italique ou allemand, et tous ceux où l'ordre de succession est réglé par le titre d'inféodation, et cela contrairement même aux coutumes. » (*Répert. de jurisprud.*, de Guyot, v° *Inféodation*.)

Les fiefs appelés, au livre des fiefs, *regales, dignitates, feuda regalia, feuda dignitatum, feudales dignitates*, pour marquer qu'ils étaient tout à la fois dignités et fiefs, étaient corporels ou incorporels, masculins ou féminins.

Les fiefs corporels étaient ceux qui consistaient en terres érigées en titre et dignité de fief.

« Feudum corporale dicitur, illud quod in terris aliisque domaniis positum est, ad discrimen eorum quæ incorporalia vocantur, quod sine tenemento sunt ». (*Gloss.*, de Dugange, v° *Feudum.*)

Les fiefs incorporels, appelés aussi fiefs *en l'air*, étaient ceux érigés sans domaine, sans glèbe, *sine tenemento*, consistant dans la seule dignité, et formant un immeuble fictif.

« L'esprit plein des usages des fiefs, — dit d'Aguesseau, *38e plaidoyer*, on en donna même le nom et la forme aux offices attachés à aucune terre. »

« Les seigneuries, dit aussi Loyseau, *Des seigneuries*, chap. iv, n° 34, ont perdu tout à fait leur première nature d'office à vie, et sont devenues propres et patrimoniales, encore qu'elles ne dépendent d'aucune terre. »

Le fief ou le bénéfice, qui consistait dans les biens immeubles ou *réputés immeubles*, et s'acquérait par investiture ou succession, suivant le *Livre des fiefs*, t. xi, pouvait, d'après Balde, être assis sur des revenus (*reditibus*), et même sur des noms (*nominibus*).

Pothier, chap. préliminaire de son *Traité des fiefs*, §§ 2 et 3, dit qu'on pouvait donner en fief des droits incorporels, *quæ in jure consistunt.*

On appelait fiefs masculins ceux qui ne pouvaient être possédés que par les héritiers mâles, et de mâles en mâles.

Au contraire, on appelait FÉMININS ceux où les femmes succédaient et qu'elles transmettaient à leurs descendants, mâles et femelles.

On lit dans le titre Ier, n° 3, du premier *Livre des fiefs*, que l'on dit être de 1180 : « Hoc autem notandum quod licet filiæ patribus succedant legibus, tamen a successione feudi removentur similiter et earum filii, nisi specialiter dictum fuerit ut adeas pertineat. »

« Fæminæ in feudis succedunt, vel ex pacto vel ex gratiâ domini, vel nisi feudum sit maternum ; filius filiæ succedit si pater investitus fuerit pro se et filiis masculis et fæminis. » (Notes de Godefroid sur le *Livre des fiefs*, t. ix, *De successione feudi.*)

Dans le Livre xi, titre 104, intitulé *Casibus quibus femina in feudo succedit*, on lit :

« Si quis eo tenore de feudo aliquo sit investitus, *ut in eo* SUCCEDANT FÆMINÆ SICUT MASCULI, investito moriente, SUCCEDUNT FÆMINÆ CUM MASCULIS

Dans le lib. 2, titre XI, on lit encore : « Feudum acquisitum investiturâ vel successione, per successionem quoque, sicut per investituram beneficium ad nos pertinet. »

« Filiis existentibus, ad filias verò, seu neptes vel pro nepotes, vel ex filia nepotes successio feudi non pertinet. Proles fœminei sexus, vel ex fœminei sexu descendens, ad hujus modi successionem aspirare non potest, NISI EJUS CONDITIONIS SIT EUUNDUM, vel EO *pacto* ACQUISITUM. »

On lit dans le *Corpus juris germanici publici ac privati, ævo medio*, in-folio, *Franco furti*, MDCCLXVI, p. 160 :

« In successione principatuum germaniæ nostræ non unus idemque modus observatur. Aliæ enim familiæ successores habent tantum masculos ; ALIÆ FAMILIÆ ET MASCULOS ET FÆMINAS. »

Selon le *Droit germanique*, in-8°, Amsterdam, MDCCXLIX, la plupart des fiefs de l'empire étaient de droit commun, masculins et divisibles ; cependant, il y en avait où les femmes pouvaient succéder. (*V.* Belderbeck, p. 129.)

Parmi ces fiefs *féminins*, il y en avait de deux sortes : 1° des mixtes, où les femmes ne succédaient qu'au défaut des mâles dans toutes les lignes ; 2° des fiefs *tout à fait féminins*, où les femmes pouvaient succéder, concurremment avec les mâles, dans l'ordre prescrit par la charte d'érection.

« Il y a, nous dit Guyot, *Rép. de jurispr.*, v° Alsace, en Alsace, comme dans l'empire, des fiefs de différentes espèces. Les fiefs se nomment *masculins* proprement dits, *feudum proprium*, parce que les seuls mâles y succèdent ; les autres sont *héréditaires*. Il y en a de plusieurs sortes : 1° le fief purement héréditaire transmissible, par succession, à tous héritiers sans exception ; et, comme les femmes peuvent y succéder, on peut aussi le nommer *fief féminin* héréditaire, parce que, en Allemagne et en Alsace, tel est le nom des fiefs auxquels les femmes succèdent, mais jamais elles n'y succèdent qu'à défaut de mâles ; elles ne concourent pas même avec eux.

Une dernière espèce de fiefs héréditaires est celle dont la concession porte que les femmes seront admises à y succéder concurremment avec les mâles. Une pareille condition dans la concession rend les femmes capables de succéder avec les mâles. (*V.* Struvia, Schiller, Carpzonius.)

## IV.

Veut-on maintenant se convaincre que les fiefs, ou les dignités inféodées, sont patrimoniaux, c'est-à-dire héréditaires et transmissibles à l'instar des patrimoines, on n'a qu'à consulter les coutumiers et les auteurs qui se sont occupés de la matière.

« Apud nos minime dubium est feuda esse patrimonalia et hæreditaria. Sortiuntur naturam bonorum hæreditariorum. » (Tiraq., *Le mort saisit le vif*, 3ᵉ p., 3ᵉ dec., nᵒˢ 25 et 26.)

« Concessio principis realis præsumitur, atque transit ad successores. » (Id., *De nobilitate*, cap. xxxviii.)

« En France, dit Loyseau, *Des seigneuries*, chap. vi, où les fiefs sont PATRI-MONIAUX, les duchez, marquisats et comtez érigez auparavant cette ordonnance (celle de 1596), sont transmissibles et aux filles et aux héritiers collatéraux du premier vassal, comme les autres fiefs, sans avoir égard ny au sexe, ny à la distinction du droit lombard d'entre le fief ancien et le nouveau ; si ce n'est que la concession fust par exprès limitée aux descendans mâles...

« Et quant aux duchez, marquisats et comtez érigez depuis cette ordonnance, c'est chose notoire qu'ordinairement par leur érection on n'oublie guères de déroger expressement à y celle. Aussi, à vray dire, il n'y a pas maintenant grand inconvenient que les duchez, marquisats et comtez *tombent en quenouille* attendu qu'ils n'ont plus aucun exercice personnel, n'y fonction d'office public, non plus que les moindres seigneuries...

Le même Loyseau, — qui définit, chap. iv, *Des seigneuries*, la dignité une qualité qui rehausse la personne au-dessus de la liberté, et distingue trois sortes de dignités : l'ordre, l'office et la seigneurie, trois titres d'honneur desquels nous pouvons accompagner et qualifier notre nom, dit des seigneuries, dont les grandes sont les duchés, les marquisats, les comtés, qu'elles emportent toujours quelque propriété, que « c'est généralement une puissance en propriété. »

« On n'avait pu, lisons-nous dans le 38ᵐᵉ plaidoyer de d'Aguesseau, t. III, de ses œuvres in-4°, p. 702, rendre les offices héréditaires et perpétuels, qu'en les confondant avec les autres biens qui tombent dans le commerce et qui suivent la loi des successions. »

« La dignité, dit-il encore, t. VI, *Première requête*, p. 8, 90, 132, 546, jusqu'alors passagère et personnelle, devint perpétuelle et héréditaire. »

« Au lieu que les honneurs s'accordoient autrefois aux personnes, ils furent enfin regardés comme concédés aux familles. La dignité devint *réelle*, de personnelle qu'elle étoit. Par l'hérédité ce qui n'étoit qu'un droit purement temporel, une grâce personnelle, une portion du domaine public, et une émanation de la souveraineté, devint un *droit réel*, une *grâce nécessaire* et transmissible, un domaine privé et un bien patrimonial. »

Les lettres d'homologation du contrat de donation du duché de Chevreuse, données en décembre 1667, enregistrées au parlement le 16 mars 1668, et rapportées dans l'*Hist. chronolog. des Pairs de France*, par le P. Anselme, t. V, p. 677 à 704, contiennent ce qui suit : « Louis... le dit sieur de Chevreuse, ayant été pendant plusieurs années en possession dudit duché de Chevreuse, il en aurait disposé par contrat du 22 novembre 1695, au profit de notre cousine, Marie de Rohan, son épouse, laquelle, après nous en avoir fait hommage, en aurait fait don à Louis-Charles d'Albert, duc de Luynes... D'autant que par le défaut de mâles du feu sieur de Chevreuse, la dignité de pairie unie au duché a été éteinte et supprimée, la qualité de duché subsistant toujours ; que ce titre étant *réel* et *féodal* a pu passer de la personne dudit feu duc de Chevreuse, en celle de notre dite cousine, la dame duchesse son épouse, en toute propriété, avec tous ses droits prérogatives. »

## V.

C'en est assez : tout cela prouve, jusqu'à la dernière évidence, le droit des femmes de la descendance de Vian Pistor et de Joseph Le Bègue de Germiny, de posséder pleinement et de transmettre immédiatement par le seul fait de succession, *jure hæreditario*, les titres de comtes et de comtesses du Saint-Empire romain allemand, des Etats autrichiens, d'Espagne, etc.

Il y a plus : une seconde conséquence du diplôme de 1714 est que mesdemoiselles de Germiny et leurs filles apportent en dot ces mêmes titres à leurs maris.

C'est cette seconde conséquence qui nous reste à prouver : cela nous sera aussi facile ; les autorités ne vont pas nous manquer.

Suivant le *Livre des fiefs* de 1180, la femme pouvait donner son fief en dot à son mari.

Dans le *Corpus germanici publici*, déjà cité par nous, on lit : « Viro competit quaranda pro fæmina uti frui, feudo. »

« Pro dignitate vir in iis rebus imperat quæ dignæ sunt viro ; quæ autem fæminæ decent illi eas tribuit. (Tiraq., *Leg. connub.*, gl. 1, pars VIII, n° 9.)

En effet, si d'après le code de Justinien, le code de Henri IV, Modestin d'Aguesseau, etc., le mariage est « la communication de tout droit divin et humain. » — Si Eumenius, cité par Dugange, dans une de ses *Dissertations*, dit : que le mariage emporte communauté d'amour et de *dignité*. Si, selon Le Bret, chap. VI, *De la souveraineté du roi*, « le mariage introduit une PARTI-CIPATION et une COMMUNAUTÉ de toutes choses entre les personnes mariées, » il n'en est pas moins vrai que le mari est non-seulement l'ASSOCIÉ de sa femme *(socius)*, mais encore le maître, le SEIGNEUR *(dominus)*, le baron, comme l'on disait jadis de sa personne et de ses biens. « La maîtrise, dit Coquille, t. II, art. 4, *Cout. du Nivernais*, est pour l'administration, la seigneurie représente le DROIT DE PROPRIÉTÉ. »

« Les femmes, lit-on dans le *Dict.* de Dugange, v° *Baro*, donnèrent le nom de baron à leurs maris, les appelant ainsi du titre d'honneur des barons et des seigneurs, en leur qualité de maîtres de leurs biens et de leur personne. »

Cette puissance et cette autorité du mari sur sa femme, sa personne et ses biens, était ce qu'on entendait dans l'ancienne législation par *mundium* chez les germains, et plus tard, chez nous, par *manbournie*, et bail de mariage : mot d'où est venu celui de baillistre donné au mari. (Claude de Ferrières, *Dict. de droit et de pratique*, v° *Bail.*)

« Le mari, dit Pothier, dans son *Traité des fiefs* et son *Traité de la puissance maritale*, acquiert sur les biens de sa femme un droit de BAIL et de gouvernement : un *domaine de gouvernement d'autorité, d'honneur.* »

C'est pourquoi tous les droits réels de la femme appartenaient au mari, comme on le voit déjà écrit dans une loi des Bourguignons, rapportée par Pardessus, *Loi salique, dissertation*, p. 673.

« Jubemus, dit cette loi, ut maritus ipse facultate ipsius mulieris, sicut in eam habet potestatem, ità et *de rebus suis.* »

Cependant la femme germaine n'était point la propriété de son mari comme la femme asiatique, ni même comme la femme romaine, dans le mariage, *in manu;* elle ne perdait aucun de ses droits ; seulement, son mari en avait temporairement l'exercice. On voit par une charte de 631 *(Diplomata,* 1re édit., p. 136 ; 2e édit. t. II, p. 9), que le mari était le représentant légal de sa femme. C'est un acte de partage où quatre maris signent chacun *pro parte,* ou *ad vicem matronæ,* ou *conjugis meæ.*

Le livre 2, t. xiv, § 24 de la loi des Lombards, citée dans le *Répert. de jurisprudence,* de Guyot, v° *double lien,* veut que, lorsque les filles étaient admises à concourir avec les mâles, le mari, comme TUTEUR *(Mund Waldus),* soit admis à concourir par représentation de sa femme.

« Vir in dotem uxoris imaginem repræsentat », dit Tiraqueau, *Tractatus varii,* p. 51, n° 4.

En effet, le mari, qui ne fait qu'un avec sa femme, a toujours été, au respect de la famille de celle-ci, réputé de la même parenté, du même lignage, et cela au point que Potier, *Traité du contr. de mariage,* part. iii, chap. iii, art. 2, § 2, n° 38, dit :

« Le mari devenant *una eademque caro* avec sa femme, le mariage qu'une cousine de cette dernière aurait contracté avec lui après son veuvage est incestueux, comme révélant *turpitudinem cognationis suæ...* »

Le mari, représentant légal de sa femme, était aussi son représentant féodal. Par rapport au suzerain, il était son *homme,* son seul vassal, le seul héritier du fief par une subrogation que la loi féodale faisait de sa personne à celle de sa femme, incapable de desservir le fief.

Dans les *Œuvres de jurisprudence,* de M. le président Bouhier, *recueillies avec des notes et des additions,* par *M. Joseph de Bevy,* président à mortier au même parlement de Bourgogne, t. ii, Dijon, in-f°, MDCCLXXXVIII, on lit ceci :

« Quand on commença à permettre aux femmes de posséder des fiefs, ce ne fut qu'à condition qu'elles fourniraient à leur seigneur des hommes capables de servir à leur place. Cet homme, que la vassale donnait à son seigneur, était proprement l'*homme féodal.* Le mari, au moment du mariage, était obligé de prendre sa place et de jurer fidélité au seigneur. C'est ce qu'observe Cuichenon, *Hist. de Bresse,* part. i, p. 23 ; il prouve, par des titres du xiiie siècle, que, à l'égard des fiefs possédés par les femmes, l'hommage s'en faisait par leurs maris. Or, cela se renouvelait toutes les fois que la femme passait à de nouvelles noces. »

Aussi, un vieil adage dit-il : « Novus maritus, novus vavassallus ». Boérius,

§ 1, du titre *De const. feud. sur la coutume de Bourges,* dit à son tour : « Si maritus velit investiri tanquam re dotali vel parapherni, assumit conditionem et qualitatem uxoris. »

Nouveau vassal, le mari devenait si bien l'homme féodal du seigneur suzerain, que la mutation s'opérait en sa faveur et l'obligeait, sous l'empire de beaucoup de coutumes, de payer, pour les revenus du fief, le droit appelé *droit de relief, de bail, de mariage,* lequel droit, dit Dumoulin, *Sur la coutume de Paris,* avait lieu « quando feudum ab uxore recedit, et *transit seu transfertur in alium.* »

Dans le *Répertoire de jurisprudence* de Guyot, v\* *Séparation,* sect. 1, et *Relief,* on lit : « Dès le moment de la célébration, le mari demeurait saisi de la jouissance du fief de sa femme, et cette jouissance opérait toujours la mutation ou le changement de main, qui avait lieu quand le fief avait *réellement* passé des mains de l'ancien vassal dans celle du nouveau ; « mutatio manûs, dit Dumoulin, *Sur la coutume de Paris,* relata ad rei dispositionem, importat rei transitum de dominio unius ad dominium alterius. »

Selon Claude de Ferrière, *Dict. de droit et de pratique,* v° *Garde,* Dumoulin, Chopin, Dupineau, Lalande, Bourgeon, Maréchal, Recusson, Merveilleux, Pothier, etc., le gardien ou le baillistre, remplissant les fonctions de vassal, faisait en son nom la foi du fief de sa femme, et en recueillait tous les profits et tous les fruits, parmi lesquels sont compris les droits honorifiques.

Le bail que le mari avait des choses féodales, appartenant à sa femme, se trouve attesté même par les établissements de saint Louis, chap. XXII, LXII, LXXIV, LXXVIII.

« Chose — y est-il dit — que gentilhomme prend à sa fame, pourquoi il en face foi au seigneur ; il en fet rachat l'année de sa terre ; et s'il en tient en parage, il n'en fera point (chap. XXII). »

« Nulle dame ne fait rachapt si elle ne se marie ; mès si elle se marie, ses sires en fera rachapt au seigneur qui elle sera fame (chap. LXII). »

« Quand aucuns doit tenir du seigneur en foy, il doit, joint en mains dire : Sire je deviens vôtre home, et doit dire de quoi : de bail ou descheoite, ou d'héritage et d'achapt. Bail si est de fié, mès en villenage si na point de bail (chap. LXXIV et LXXVIII). »

Il ne se rencontrait qu'un seul cas où la mutation, ou le changement de main du fief de la femme, n'avait pas lieu au profit du mari ; c'était quand la femme s'était expressément réservé l'administration de ses biens. La mutation n'ayant pas lieu, le droit de relief n'était pas dû par le mari.

Le *Rép. de jurispr.*, de Guyot, v° *Relief*, énumère les raisons qu'en donnaient les auteurs. Ce sont autant de nouveaux témoins en faveur des droits des maris.

« Le mari — dit Pothier, *Sur la cout. d'Orléans*, et *Traité des fiefs*, chap. v, art. 2, § 4, *Des mutations imparfaites*, — n'acquiert pas, en ce cas, ce domaine de gouvernement et d'autorité sur les propres de sa femme, qui le rend l'homme du seigneur. »

« Quod quandoque facto et consuetudine — dit Tiraq. : de *Nobilitate*, chap. xviii, maritus uxoris radiis corruscat : nulla major est lateralitas quam, viri et uxoris, qui divino consortio efficiuntur una caro. »

« Si fuerit — dit-il encore ailleurs — regina, ducessa, comtessa, aut in simili dignitate ex quibus quis fit nobilis, non solum tunc uxor non amittit nobilitatem nubens plebeio, sed et ipsius vir nobilis efficitur, præterea si ea data fuerit in dotem (1). »

Voici ce que nous apprennent encore les plus fameux jurisconsultes et les plus savants magistrats :

ABRAHAM FABERT, commentateur de la *Coutume de Lorraine*, sur l'art. 11 :

« Si la femme est duchesse, marquise, comtesse, ou possédant autre fief de dignité qui ait noblesse annexée, que nous disons noblesse réelle, et qu'elle épouse un roturier, il sera, par la possession d'un tel fief, anobli, et cessera sa première condition. »

FLORENTIN DE THIERRIAT, gentilhomme lorrain, auteur, en 1666, d'un traité de la noblesse, fort estimé, pp. 26 et 28 :

« De tous droicts la femme doit suivre la condition de son mary, et non le mary la condition de sa femme ; mais si la femme est anoblie par la propriété d'un fief de dignité, aussy sera le mary qu'elle prendra à cause de la possession du même fief, parce que le moyen, par lequel elle a été anoblie, a lieu au mary plus capable du fief que la femme. »

LOYSEAU, célèbre avocat au Parlement de Paris, l'un des plus habiles jurisconsultes du xvii° siècle, lieutenant particulier à Sens, puis bailli à

---

(1) Telle est encore l'opinion de Balde et d'Alciat, célèbres jurisconsultes italiens, l'un mort à Milan au commencement de 1400, et l'autre, à Pavie, en 1550.

Châteaudun (*Traité des offices, des seigneuries*, chap. xi, n°ˢ 25 et 30, sous la rubrique *Maris prennent le rang des seigneuries* de leurs femmes) : « Ce n'est donc plus la femme mariée qui est vassale, et en qui réside la seigneurie du fief, mais le mary, tant que le mariage dure ; aussi est-ce à lui d'exercer tous les actes d'honneur et de pouvoir qui dépendent, soit au fief, soit en justice, de la seigneurie de sa femme.

« Ce qui n'est pas si formellement et si rigoureusement observé ès biens roturiers, parce que les fiefs, de leur origine, ne pouvant appartenir qu'aux hommes, non plus que la justice, on les refère aujourd'hui aux hommes, tant que faire se peut... »

Simon Marion, célèbre avocat au Parlement de Paris, qui plaida, pendant trente-cinq ans, avec une réputation extraordinaire, devint ensuite président aux enquêtes, puis avocat général au Parlement, et mourut, en 1605, disait, dans un plaidoyer pour le duc de Nevers, duc du chef de sa femme, devant le Parlement, le 5 septembre 1576 (V. *Hist. chronolog. des pairs de France*, par le P. Anselme, t. iii, p. 706) : « La femme transfère non-seulement la possession de ses biens, mais encore sa personne en la puissance de son mari, qui a sur elle et sur ses biens un si grand droit par la coutume de France, qu'elle ne peut contracter ni ester en jugement sans son autorité... La femme, par son mariage, *minuitur quodam capite*, et le mari est *domini loco rerum et personæ uxoris*.

« La femme est *caro ex carne et ossibus viri et qui duo fuerunt, jam non erunt, sed una caro*. Le mari est le chef tellement, que la principale dignité de l'un et de l'autre, et de tous deux ensemble, de quelque côté qu'elle provienne, VOIRE FUT-CE DE CELUI de la femme, quand elle est de sa nature patrimoniale, cessible et communicable, est toute transférée et réside entièrement au mari, comme au chef ; tellement, que la femme, duchesse avant son mariage, et qui possédait cette dignité de par elle et de par soi après le mariage, ne l'a plus que par forme de communication du chef au membre.

« Autrement il seroit superflu de créer des duchés tant pour les mâles que pour les femelles, ou bien il faudrait induire aux dames duchesses un perpétuel célibat, d'autant que les femmes suivent le rang de leurs maris, et si le mari d'une duchesse marchoit le dernier, la femme tiendroit le même ordre, tellement que le mariage lui feroit perdre le rang et la dignité dont elle est néanmoins capable par l'érection : ce qui ne fut vu jamais ni en France ni en aucun lieu de la chrétienté. Au contraire, en tous les royaumes qui tombent en quenouilles, les maris des reines ont toujours le rang et la dignité de leurs femmes... Pareillement aux duchés souverains. »

« En toutes les parties du monde, disait encore le même avocat dans un mémoire rapporté dans le même ouvrage, p. 682, 683, infinis rois, ducs, comtes tant en Espagne qu'en Angleterre, Irlande et ailleurs, ont retenu et auront toujours auprès de tous les potentats de la chrétienté, le rang de leurs dignités auxquelles ils sont parvenus par leurs femmes. »

« Par le mariage, ajoutait-il, il y a ouverture des fiefs, et est éteinte et finie la foi de la femme qui ne peut la continuer, quæ non est amplius juris, nec domina feudi, sed ipsa transit in potestatem et dominium viri, tellement qu'il faut que le mari, comme nouveau vassal, porte sa foi.

D'Aguesseau, avocat général, plus tard procureur général et chancelier, dans son réquisitoire dans l'affaire du duc de Luxembourg, t. III, 38me plaidoyer, pp. 703, 704, 705, 709, 717, 731, 760 :

« Rappelez-vous ces exemples fameux par lesquels nous avons fait voir que les femmes communiquoient DE PLEIN DROIT à leurs maris les prérogatives de la pairie. On était alors si persuadé de la réalité de ses fonctions, que la question que l'on agite aujourd'hui (celle de l'obligation d'une confirmation pour le mari d'une duchesse et pairesse) n'auroit pas formé un doute raisonnable. Comme l'on ne considérait alors que le fief et sa seigneurie, qui étoient absolument réels, on ne doutait point que le mariage ne fût un titre légitime qui en assurât au mari, ou le domaine civil suivant le droit romain, ou le bail et la garde, suivant le droit françois.

« POUVOIT-ON DOUTER QUE LES FEMMES NE FUSSENT CAPABLES DE COMMUNIQUER A LEURS MARIS ET DE TRANSMETTRE A LEURS ENFANTS UN DROIT DONT ELLES POUVOIENT JOUIR FAR ELLES-MÊMES ?

« Dans tous les degrés, nous trouvons partout les maris et les descendants des femmes regardés, jugés, honorés comme pairs ; la même lettre qui leur déféroit la propriété de comté (celui de Flandre) les mettoit en possession des honneurs de la pairie ; nos rois ne se sont attachés qu'à la seule considération du fief pour distribuer les honneurs et les dignités qui y étaient attachés.

« Pourquoi ceux qui sont en pleine possession du fief ne jouiroient-ils pas aussitôt de la dignité ? Pourquoi LES MARIS SERAIENT-ILS OBLIGÉS D'OBTENIR DES

LETTRES DE CONTINUATION (1)? LE MARIAGE NE LES REND-IL PAS MAITRES SEI-
GNEURS DU FIEF, CAPABLES D'EN FAIRE L'HOMMAGE ET D'EXERCER TOUS LES DROITS
QUI EN SONT UNE SUITE ET UNE DÉPENDANCE. »

« Les dignités feudales, dit André de la Roque (*T. de la noblesse*, ch. XX, p. 53)
— s'accordent à une race, soit en faveur des mâles seulement, ou bien pour
l'un et l'autre sexe,... Un noble même qui obtient un fief par achat, donation, contrat, ou succession légitime, *s'il n'est descendant en ligne directe, mâle
ou femelle*, ou que par l'érection il ne soit fait mention des collatéraux, ne
peut le retenir dans sa famille sans le bénéfice ou indult du roi dont il doit
requérir la confirmation.

Aussi Bacquet dit, en ses *Réponses envoyées au conseil privé : «* Si quis nobilis
emptione, donatione, contractu aliove titulo quàm *beneficio* aut *indulto*, vel *successione legitima* baronatum, comitatum, aliam ve majorem dignitatem obtineat,
eamque in familia suâ retinere cupiat, regis soleat accedere confirmatio : »

Ainsi, point de confirmation nécessaire pour les successeurs et héritiers
légitimes d'une baronie, d'un comté ou d'une grande dignité, et par suite
pour le mari d'une héritière légitime qui, suivant le même André de la Roque,
chap. XXX, possédait les dignités réelles de sa femme, et qui, suivant la loi du
mariage et celle des fiefs, est le représentant légal et féodal de celle-ci.

FRANÇOIS DE CORMIS, célèbre avocat au parlement de Provence, en son
*Recueil de consultations*, t. I., in-4°. MDCCXXV, chap. XLVII, disait que le mari
d'une fille du dernier baron d'Oliergues, bien que simple acquéreur et ces-
sionnaire de créanciers de l'hoirie, et ne venant ni à titre successoral du chef
de sa femme, ni en paiement de la dot, pouvoit prendre le titre de baron
d'Oliergues en partie, comme *gendre* du dernier baron, et comme *membre de
la famille*, suivant la loi 4 cod.. *De verb. signif.*

POTHIER, un des derniers et plus habiles professeurs interprètes de notre
droit français, conseiller au présidial d'Orléans, et auteur de nombreux
ouvrages fort estimés, *Traités de la puissance du mari et des fiefs*, chap. I,
part. 1, § 1er, p. 17 :

« Le mariage, en formant une société entre le mari et la femme, dont le

(1) Selon le même d'Aguesseau, la confirmation royale n'étoit nécessaire que pour substi-
tuer un nouveau titre valable à l'ancien droit nul ou défectueux dans son principe, ou éteint
et caduc dans sa suite, comme, par exemple, pour les duchés pairies femelles qu'il disait
éteintes par suite de l'édit de 1811 qui avait détruit leur transmission première.

mari est le chef, donne au mari, en sa qualité de chef de la société, un droit de puissance sur la personne qui s'étend aussi sur les biens.

« La puissance maritale ne donne pas, à la vérité, au mari, le *jus dominii* sur les immeubles de sa femme, mais une espèce de droit de bail et de gouvernement qui consiste principalement en trois choses :

«. La première est de donner au mari, pendant le mariage, tout ce qu'il y a d'honorifique attaché aux biens propres de sa femme.

« En conséquence, le mari a le droit de prendre le titre de la seigneurie dont sa femme est propriétaire.

« Quand elle possède un marquisat, un comté, ou quelqu'autre seigneurie, son mari a le droit de se qualifier marquis, comte, baron, seigneur de tel lieu. »

Voici comment le même Pothier, *Traité des fiefs*, partie 1, chap. III, § 3, déterminait la condition de puissance du mari : « L'injure faite au mari par le vassal du fief de sa femme, dit-il, est-elle félonie ? — Je pense que cette injure est félonie ; car le mari est plus qu'un administrateur. Il a une espèce de domaine, non de propriété sur les propres de sa femme, mais d'*honneur* et d'*autorité* qui lui donne, pendant le mariage, tous les droits attachés à l'héritage de sa femme, et le rend par conséquent *seigneur* tant que le mariage dure.

« L'injure faite à la femme, quoique pendant le mariage, par un vassal relevant d'un de ses propres, est aussi félonie, même vis-à-vis de la femme, car elle conserve, pendant le mariage, la propriété de son héritage propre, et par conséquent elle est *dame* des vassaux qui en relèvent. On opposera que *Duo non possunt esse domini in solidum*, d'où il semble suivre que le mari étant SEIGNEUR durant le mariage, la femme ne peut pas l'être ; mais ils le sont l'un et l'autre, non *sub eodem respectu*, ce que la règle ci-dessus opposée ne permet pas, mais *sub diverso respectu :* le mari a un domaine d'HONNEUR et d'AUTORITÉ pendant le mariage ; la femme conserve un domaine de propriété. »

Dans le *Traité de la dot*, à l'usage du pays de droit écrit et de celui de la coutume de Bourgogne, par Roussilhe, avocat au Parlement, in-8°, t. II. Clermont-Ferrand, in-f°. MDCCLXXXV, on affirme exactement la même chose : quand, est-il dit, la femme possède un marquisat, un comté, une baronie, son mari a le droit de se qualifier marquis, comte, baron. »

M. Dalloz, *Rép. méthodique et alphabétique*, t. xlii, v° *Usurpation*, n° 43 :

« Les femmes qui avaient été investies d'un fief titré, ou que l'érection avait appelées à y succéder, pouvaient le transmettre à leurs héritiers.

« Les titres féminins pouvaient être pris par le mari a qui le mariage les portait ; il y avait exception pour les duchés et les grandesses. »

En effet, on l'aura peut-être remarqué en lisant le passage de Pothier, qui ne mentionne que les titres de marquis, de comte, de baron, communicables par mariage au mari ; il n'est point question du titre de duc. C'est que, par suite de l'édit de 1711, qui, en cela, a confirmé la règle générale en vertu de l'adage ; *exceptio confirmat regulam*, les maris des duchesses ne purent plus, comme auparavant, porter, de *plein droit*, le titre de leurs femmes, mais il leur fallut la permission authentique du prince.

Un édit de 1774 étendit cette règle aux maris des grandes d'Espagne.

L'édit de 1711 n'ayant pas compris, dans ses dispositions, les marquisats, comtés, etc., et par suite ne leur étant pas applicable, ainsi que l'a jugé un arrêt du Parlement de Paris, rapporté dans le *Nouveau Denizart*, à la date de juillet 1755, les marquis, comtes, barons du chef de leurs femmes, ont conservé la faculté de prendre leurs titres.

C'est ce qu'a décidé, dans l'affaire de Brancas, le tribunal civil de la Seine quand, le 19 février, déclarant les édits de 1711 et de 1774 tombés en désuétude, il a proclamé que « par le seul fait de son mariage, Mᴵᴵᵉ de B... avait, conformément aux usages constamment appliqués en Espagne et en France, associé et fait participer son mari a tous ses titres et distinctions ; qu'elle lui avait apporté la grandesse d'Espagne, à laquelle est inhérente la qualification espagnole de duc de Brancas, et lui avait conféré le droit de le porter. »

Si, plus tard, M. de Frohen, gendre du dernier duc de Brancas, après avoir gagné son procès en Espagne, l'a perdu devant la Cour royale de Paris et la Cour de cassation, chambre civile, et a été déclaré lui et son fils déchus de son titre, c'est que les édits de 1711 et de 1774 ont été, — contrairement au jugement du Tribunal civil, — déclarés être restés en usage, et que la Cour de Paris avait en outre appuyé sa décision sur ce principe : que le nom de Brancas étant joint au titre de duc, cette qualification, consistant dans un nom propre, produisait le même effet que le nom lui-même, et ne pouvait être porté sans les formalités exigées par la loi du 11 germinal an xi.

Dans l'affaire du duché de Montmorency, la Cour, par arrêt du 8 août 1865, est revenue sur cette doctrine, et a décidé, comme c'était raisonnable, qu'un titre honorifique assis sur un nom semblable à celui d'une famille, était différent de ce nom patronymique, et n'était point soumis à la loi du 11 germinal an XI, qui ne disposait que pour les additions et changements de noms. A plus forte raison devrait-il être ainsi décidé pour un simple titre nu sans addition de nom.

Toujours est-il que la décision du Tribunal civil de la Seine, déclarant que la femme en général peut apporter, de plein droit, ses titres à son mari, n'a pas été infirmée par la Cour, et que cette décision est venue confirmer, de nos jours, un droit établi depuis plus de huit siècles.

Dans ses conclusions devant la Cour impériale, M. le procureur général Chaix-d'Est-Ange a rendu hommage à ce principe de transmission par les femmes, reconnu de nouveau par la Chambre des Requêtes de la Cour de cassation, qui a admis le pourvoi.

« M^lle de B..., disait-il, — a-t-elle communiqué la grandesse à son mari ? — Pas de doute ; ici s'applique l'adage : *Duo in unâ carne.* »

En Espagne, où les femmes de la descendance de Joseph Le Bègue sont comtesses, titrées de Castille, les femmes ont, de tout temps, communiqué, de *plein droit*, leurs titres à leurs maris.

Dans le *Héraut d'armes*, du 7 juin 1869, M. d'Olce, décrivant l'*Armorial de la Basse-Navarre*, dit : « Quand une fille héritière venait à se marier, son mari devenait, suivant le terme encore usité de nos jours, propriétaire *adventice* ou *adventif* de la maison de sa femme ; il en portait les armes et en exploitait la noblesse. (V. les *Mémoires* de M. Rendu, en faveur de M. Hibon de Frohen, dans l'affaire de Brancas, en 1858 et 1859.

## VI.

Pour compléter nos preuves, il serait peut-être bon de citer les exemples des maris qui ont exercé leurs droits ; mais tous ceux qui se sont trouvés dans ce cas ayant pris les titres de leurs femmes, le nombre en serait trop grand, en France, en Espagne, en Allemagne, etc. Nous renvoyons le lecteur aux ouvrages historiques, héraldiques et généalogiques, et au *Code de la noblesse*

4

*française*, où nous avons rapporté quelques exemples pris au hasard. (V. les
p. 609, 612, 613, 614, 665, 666 du *Code de la noblesse française*.)

Citons seulement quelques comtes et barons du Saint-Empire romain, pris
au hasard parmi ceux qui, en France, ont possédé de plein droit ce titre du
chef de leurs femmes ou de leurs mères.

Jean-Joseph le Borgne, comte du Saint-Empire, du chef de sa femme Anne
de Saint-Hilaire, comtesse du Saint-Empire. (*Waroquier*, *Nobiliaire*, p. 183.)

Balthazar de Rennel, comte du Saint-Empire en Lorraine, par suite de son
mariage, en juin 1715, avec Barbe de Lescut, comtesse du Saint-Empire
romain. (*Lettres hist. et généalogiques*.)

Philippe de Custine, comte, en Lorraine, du chef de sa femme Marie-Ger-
trude de Caba de Caberque, fille aînée de Philippe, comte de Caba de
Caberque, général au service de l'empereur. (Lachesnaye des Bois, v° *Custine*.)

Nicolas de Bréard, en Lorraine, baron du Saint-Empire, du chef de sa
femme, petite-nièce et héritière de Joseph de Viard, créé libre baron du
Saint-Empire. (Id., v° *Breard*.)

Henri Guyard, seigneur de Saint-Julien, baron de Walsée et du Saint-Empire, du chef de Sidonie de Hardech, qu'il épousa dans la basse Autriche.
(Id., v° *Guyard*.)

Le duc de Brancas-L'Auraguais, comte du Saint-Empire, comte de La
Marche, baron souverain de Fontaine-Lévèque, du chef de sa femme la com-
tesse de Rodoam et du Saint-Empire, comtesse de La Marche, baronne de
Fontaine-Lévèque.

N. d'Arbel, comte du Saint-Empire, du chef de mademoiselle de Lowendal,
comtesse héréditaire du Saint-Empire.

N. de la Rivalière, comte du Saint-Empire, du chef de sa femme, porté
sous ce titre dans l'*Almanach impérial* de 1856.

Ces trois derniers portaient leur titre de nos jours.

En Provence, dans l'*Hist. héroïque*, t. III, supplément, v° *Pelissier*, on voit
que Marie-Françoise de Lopis, baronne née du Saint-Empire, par suite d'un
diplôme qui transmet ce titre à toute la postérité masculine et féminine, a
transmis son titre à la famille de Joseph de Pélissier, son mari.

Restons-en là, et ajoutons seulement cette note que nous avons trouvée
dans l'*Armorial général* de J.-B. Rietstap, in-8°, Gouda, 1861, aux mots
*Basta* (*comtes d'Hust*) : « M. Borel d'Hauterive, dans son *Annuaire de la noblesse*

*de France,* 1854, dit, au sujet de cette famille : « Le titre de comte d'Hust et du Saint-Empire, porté par les rejetons de plusieurs maisons, vient d'Hulst ou Hust en latin, *Hustum,* petite ville située dans la Zélande (Pays-Bas hollandais), à quelques lieues de Gand et d'Anvers ; il fut accordé, par diplôme de l'empereur Rodolphe II, en date du 4 septembre 1605, au comte Georges de Basta, son conseiller, et *à tous ses enfants et descendants légitimes de l'un et de l'autre sexe* (1). Ces dernières expressions, interprétées, depuis deux siècles, dans leur sens le plus étendu, ont fait appliquer le titre de comte d'Hust et du Saint-Empire à *toute la postérité* issue de Georges de Basta, par les mâles ou par les femmes. Leur nombre tend donc à se multiplier avec une grande rapidité. M. Borel donne un aperçu des familles diverses qui, toutes, prennent ce titre ; ce sont les maisons suivantes : Ennetières, Esclaibes, Bryas, Langlois de Montry, La Broue de Vareilles, Marotte du Coudray, Masson de Joinville, Lefebvre de Maurepas et Prévost Sansac de Touchimbert. »

M. Borel d'Hauterive a oublié, sans doute, dans sa *liste*, les Buisseret. L'*Armorial* de M. de Milleville, référendaire au sceau de France, publié en 1846, mentionne ceci à l'article *Buisseret*, p. 53 : « Par suite du mariage du comte de Buisseret, en 1786, avec Marie-Claire-Eugénie, comtesse de Sainte-Aldegonde de Genech, les enfants nés de ce mariage, et leur descendance masculine et féminine, sont appelés à jouir *à perpétuité* des titres de comtes et de comtesses du Saint-Empire, madame de Buisseret ayant eu pour bisaïeule Alexandrine Basta, arrière-petite-fille du général. »

*L'état présent de la noblesse française,* an 1868, mentionne, se titrant de la qualification de comtes d'Hust et du Saint-Empire, Emmanuel, Raoul, Raymond, Léon et Henri frères et cousins, et Sosthénie d'Esclaibes, comme membres de la famille d'Esclaibes *alliée* aux *Basta* et Sainte-Aldegonde. Portent également le même titre Charles, Altale et Adalbert de Vandégies, chefs de trois branches de la famille Banchelet de Vaudégies, sans doute descendant également par les femmes du général de Basta.

Impossible de ne pas conclure après cet exposé que tous titres nobiliaires et tous titres inféodés, héréditaires, réels et patrimoniaux, n'appartiennent pas

(1) Ces termes sont loin d'être aussi généraux et universels que ceux de la charte qui nous occupe.

plutôt à une femme, qu'ils doivent appartenir de *plein droit* au mari par l'effet de la mutation opérée à son profit; et aux enfants, par droit successoral.

Après avoir affirmé que, depuis la première époque où les femmes furent déclarées aptes à posséder les fiefs, jusqu'en 1789, il n'est pas un mari, ayant l'administration des biens de sa femme, qui n'en ait porté, *de plein droit*, le titre honorifique; et qu'en dehors des clauses de l'édit de 1711, il est impossible de citer un seul cas où un mari honorable ait vu lui contester le droit que lui donnait la puissance maritale; il ne reste plus qu'à ajouter que les usages de l'ancienne monarchie devant, aux termes de la loi du 28 mai 1858, continuer d'être la règle de toutes les transmissions dans l'avenir, comme dans le passé, ces principes d'autrefois sont encore ceux d'aujourd'hui, et demandent toujours une même application.

Concluons donc avec assurance, que toutes les fois qu'une femme aura été investie, par des lettres primitives d'érection, d'un titre féminin de princesse, marquise, comtesse, baronne, soit attaché à un ancien fief territorial dont elle aurait hérité sans la Révolution, soit créé sans terre, *héréditairement* ou bien érigé en *titre, nom* et *dignité* de *principauté*, de *marquisat*, de *comté*, de *baronie*, elle devra : 1° communiquer la qualification de prince, marquis, comte, baron, à son mari, qui, d'une condition honorable et non dérogeante, pourra le porter de *plein droit, jure uxoris*, sans besoin de la confirmation seulement exigée pour les duchés féminins ; et 2° transmettre son titre et sa dignité à ses enfants *jure hæreditario*, suivant l'ordre et *le* sexe désignés par l'érection.

Allons plus loin ; disons aux maris: c'est ici pour vous plus qu'une faculté, c'est une *nécessité*. Les lois vous ont établis les gardiens du patrimoine conjugal, d'*honneur* comme de *profit*, peu importe. Maintenez-le intact. Repousser toute extinction de votre droit, qui est celui de votre famille, est pour vous, vanité à part, et quelle que soit votre appréciation particulière d'un titre nobiliaire ou honorifique, un véritable devoir que vous seriez coupables de trahir. Si vos femmes vous ont apporté, pour couronnes de fiancées, leurs couronnes féodales, — pour employer les expressions de M. Achille Allier, *Hist. du Bourbonnais* — portez-les hardiment, et si l'on vous attaque follement, défendez-vous et espérez dans la justice française.

Comte P. DE SÉMAINVILLE.

*Château de Carqueiranne, le 25 août 1869.*

1898 — Toulon, Typ. F. ROBERT.

Les faits ainsi précisés, et le droit complètement établi, arrivons à la cause de ce mémoire :

M. Pierre-Alexandre Parrin de Sémainville a épousé, le 9 octobre 1850, — sous la République où un décret avait aboli les qualifications et les titres nobiliaires, — mademoiselle Françoise-Charlotte Le Bègue de Germiny, fille de M. Antoine-Charles-Gustave comte Le Bègue de Germiny et du Saint-Empire, et de Antoinette-Sidonie comtesse Le Bègue de Germiny et du Saint-Empire, tous deux descendants directs du baron Joseph Le Bègue de Germiny (1), créé, — comme il a été exposé plus haut, — comte du Saint-Empire et de divers autres Etats, pour lui et sa descendance masculine et féminine, à l'infini.

M. de Sémainville, né le 17 mars 1808, époque où les lois révolutionnaires abolitives des noms nobiliaires existaient encore, et inscrit comme fils de Pierre-Noël Parrin-Sémainville et de Alexandrine Thomas, était, comme l'indiquent les actes de naissance et autres actes de ses père et mère, né du mariage de Pierre-Noël Parrin *de* Sémainville (2), fils de messire Pierre-Luc Parrin de Sémainville, conseiller du roi, maître ordinaire en la Cour des comptes, aydes et finances de Normandie, et de noble dame Madeleine-Anne Cabot de Cailletot; avec Alexandrine Thomas de la Marché, fille de Jacques-Léonord Thomas, sieur de La Marché, écuyer seigneur et patron de Manneville-la-Raoult, conseiller du roi, maître ordinaire en la Cour des comptes, aydes et finances de Normandie.

Pierre-Luc Parrin de Sémainville, l'aïeul de M. Alexandre de Sémainville, outre son titre de conseiller à la cour des comptes de Normandie, est, dans beaucoup d'actes, qualifié d'écuyer, de porte-épée de parement du roi, et de

(1) Joseph Le Bègue de Germiny et Françoise de Rennel — Léopold et Agnès de Hunolstein — Antoine-François et Françoise de Sales de Tiremois de Sacy; — Gabriel-Jacques-Raoul et Julie Guéroult de Puismartin; — 1o Marie-Louis Raoul et Adélaïde-Charlotte-Françoise Asselin de Villequier; et 2o Antoine Raoul et Aglaé de Bricqueville; — Antoine-Charles Gustave et Antoinette-Sidonie, comtesse Le Bègue de Germiny et du Saint-Empire; — Françoise-Charlotte Le Bègue de Germiny et Pierre-Alexandre Parrin de Sémainville.

(2) ACTE DE BAPTÊME DE DÉCEMBRE 1770 : « Le mercredi vingt-six de décembre mil sept cent soixante dix, *Pierre Noël*, fils légitime de messire Pierre-Luc Parrin de Sémainville, conseiller du roi, maître ordinaire en la Cour des comptes, aydes et finances de Normandie, et de noble dame Madeleine-Anne Cabot de Cailletot, né du 24, a été par nous prêtre curé, etc. »

...

seigneur des Manoirs et du Petit-Moyard. Il était lui-même fils de Pierre Parrin sieur de Sémainville, écuyer, porte-épée de parement du roi, et son conseiller procureur au bailliage de Pont-Audemer, seigneur des Manoirs et du Petit-Moyard ; et de damoiselle Marie-Françoise du Quesnay, fille de M^re du Quesnay, sieur des Londes, conseiller du roi, lieutenant civil et criminel en l'élection de Pont-Audemer, puis conseiller auditeur en la Cour des comptes de Normandie, et de Marie-Scholastique de Cansbourg.

Ces explications étaient nécessaires pour répondre à ceux qui essaient de contester à l'exposant jusqu'à son nom de *de* Sémainville, lequel était celui de ses pères, et aurait dû lui être donné, si la suppression de la particule *de* n'avait pas été l'exécution forcée des lois des 19 juin 1790, 27 septembre 1791, et des décrets du 6 fructidor an xi et du 19 nivôse an vi.

S'il est vrai que l'application de ces lois ait pu priver momentanément M. de Sémainville du nom intégral de sa famille, il n'en est pas moins vrai qu'après l'abolition de ces lois, il a eu le droit de reprendre la particule jointe à son nom, et, loin qu'il l'ait changé et modifié, il n'a fait ainsi que *réparer* une simple omission et rétablir l'expression de la vérité un moment dénaturée dans son acte de naissance. (*V.* la *Jurisprudence sur la matière*.)

Après son mariage avec la comtesse Charlotte Le Bègue de Germiny, et après le rétablissement des titres par S. M. l'Empereur, M. de Sémainville, voulant conserver à sa famille l'héritage honorifique dont il avait la *garde*, prit le titre de comte du Saint-Empire, ou, le plus souvent, mit devant son nom le titre de *comte* que sa femme lui avait apporté en mariage.

Et certes, M. de Sémainville n'était pas de ceux que l'on eût pu accuser de n'avoir pas la qualité requise pour porter ce titre. Sa famille, à la fois de noblesse d'épée, par ses offices dans la maison du roy, et de robe, par ses charges de haute magistrature, avait, en 1789, neuf de ses membres (pères, fils, beaux-frères et oncles) conseillers des Cours souveraines de Normandie.

Si, en épousant M^lle de Germiny, petite-fille des de Bricqueville et des d'Harcourt alliés aux maisons princières et souveraines de l'Europe, il s'était uni avec une descendante des empereurs, des rois de France, d'Angleterre, d'Espagne, et de nombre de ducs et comtes souverains, parmi lesquels étaient les comtes de Provence et ce duc d'Anjou dont un des plaideurs actuels a érigé la statue sur la Place Royale d'Hyères, M. de Sémainville n'est pas, lui-même, sans pouvoir prouver sa descendance féminine des empereurs d'Allemagne et des rois de France de la seconde et de la troisième race, Arrière-petit-fils de Hugues-le-Grand, comte de Vermandois, frère du roi Henri 1er (1), il peut ainsi justifier le canton fleurdelisé de son écu, l'objet des attaques aussi injurieuses qu'inconsidérées contenues dans l'un des derniers numéros du *Journal d'Hyères*, dirigé par MM. Denis, Chassinat et consorts.

Jamais M. de Sémainville n'avait été encore inquiété dans son droit de prendre le titre qui lui avait été apporté en mariage, lorsque, tout dernièrement, à propos d'un procès en demande d'insertion d'une réponse dans un journal, des individus, sans autre qualité que leur désir de nuire et d'essayer de faire du scandale, l'ont assigné devant le Tribunal correctionnel de Toulon pour s'entendre *interdire* le titre de comte, dont il faisait précéder son nom patronymique, et se voir appliquer la disposition pénale de la loi du 28 mai 1858, portant, art. 259 : « Sera puni d'une amende de cinq cents francs à dix mille francs quiconque, *sans droit* et en vue de s'attribuer une distinction honorifique, aura publiquement pris un titre... »

M. de Sémainville, dans cette circonstance, n'avait qu'une chose à faire : c'était de mépriser le véritable acte de démence de ses adversaires, et leur opposant leur défaut de qualité, leur manque total d'intérêt dans la circonstance,

---

(1) Henri Ier, roi de France, et Anne de Russie, fille de Iarosloff, duc de Russie ; — Hugues de France, et Adèle, comtesse de Vermandois, de Crespy et de Valois, de la race de Charlemagne ; — Elisabeth de Vermandois, et Robert, comte de Meulent ; — Galéran Ier, comte de Meulent, et Agnès de Montfort l'Amaury ; — Robert II, comte de Meulent, et Mahaut de Cornouailles ; — Pierre de Meulent, sire de Beaumont-le-Roger, et Eustachie du Molay-Bacon ; — Raoul de Meulent, et Marie Blanche de Ferrière ; — Raoul III de Meulent, sire de Courseules, et Etiennette de Husson de Ducé et de Charencey ; — Jean de Meulent, sire de Courseules, et Marguerite-le-Servain, baronne de Saint-Paër, aujourd'hui Saint-Pois ; — Thomas de Meulent, baron de Saint-Paër, et de Courseules, et Béatrix d'Yvoi ; — Jeanne de Meulent, baronne de Saint-Paër, et Jean d'Auray ; — Jean II d'Auray, baron de Saint-Paër, et Marguerite d'Achey ; — Bœuves d'Auray, baron de Saint-Pois grand-panetier de Normandie , et Jeanne Dumesnil-Dot, héritière du fief de la grande-paneterie de Normandie ; — Odet d'Auray, seigneur des Abbayes, et Léonore Tesson de la Mancellière ; — Léonore d'Auray, et Jacques de la Barbarie ; — Jacqueline de la Barbarie, et Henri de Billeheust d'Argenton ; — Marie-Anne-Esther de Billeheust d'Argenton, et Charles-Thomas de la Marche ; — Jean-Jacques-Thomas de la Marche de Manneville, et Madeleine-Victoire Lucet ; — Alexandrine-Thomas de la Marche, et Pierre-Noël Parrin de Sémainville ; — Pierre-Alexandre Parrin de Sémainville, et Françoise-Charlotte Le Bègue de Germiny.

et leur usurpation de l'autorité publique seule compétente en matière de répression pénale, de demander au tribunal qu'ils soient déclarés mal fondés dans leur demande, dits sans qualité comme sans intérêt, et condamnés selon leurs mérites.

Toutefois, comme la maxime « *Calomniez, et il en restera toujours quelque chose,* » faisait à M. de Sémainville un devoir de se défendre ; comme l'attaque de ses adversaires, toute irrecevable qu'elle fût, aurait pu faire supposer l'usurpation qui lui était reprochée, il a cru bon, pour prouver *son droit* au titre qu'on lui dispute, de publier, dans l'intérêt de son honneur et des droits de sa famille, ce Mémoire justificatif, dont chacun appréciera le motif.

Puis, satisfait d'avoir pris ce soin de sa réputation, il ne demande qu'une chose, c'est d'être laissé dorénavant à la culture de ses champs, avec le nom que lui ont légué ses pères, et le titre honorifique apporté par sa femme à la famille dont il est le chef, comme un glorieux souvenir de services rendus et à rendre, en vertu de l'axiome : NOBLESSE OBLIGE.

*Le 25 août 1869.*

Cte P. DE SÉMAINVILLE.